心一堂術數古籍珍本叢刊

書名：章仲山注《玄機賦》《元空秘旨》
附《口訣中秘訣》《因象求義》等九種合刊
系列：心一堂術數古籍珍本叢刊　堪輿類　無常玄空珍秘系列　第二輯　203
作者：【清】章仲山　等注
主編、責任編輯：陳劍聰
心一堂術數古籍珍本叢刊編校小組：陳劍聰　素聞　梁松盛　鄒偉才　虛白盧主

出版：心一堂有限公司
通訊地址：香港九龍旺角彌敦道六一〇號荷李活商業中心十八樓〇五—〇六室
深港讀者服務中心：中國深圳市羅湖區立新路六號羅湖商業大廈負一層〇〇八室
電話號碼：(852)67150840
網址：publish.sunyata.cc　電郵：sunyatabook@gmail.com
網店：http://book.sunyata.cc
淘寶店地址：https://shop210782774.taobao.com
微店地址：https://weidian.com/s/1212826297
臉書：https://www.facebook.com/sunyatabook
讀者論壇：http://bbs.sunyata.cc/

版次：二零一八年一月初版
平裝

定價：港幣　二百六十八元正
新台幣　九百九十八元正

國際書號：ISBN 978-988-8317-91-2

香港發行：香港聯合書刊物流有限公司
地址：香港新界大埔汀麗路36號中華商務印刷大廈3樓
電話號碼：(852)2150-2100
傳真號碼：(852)2407-3062
電郵：info@suplogistics.com.hk

台灣發行：秀威資訊科技股份有限公司
地址：台灣台北市內湖區瑞光路七十六巷六十五號一樓
電話號碼：+886-2-2796-3638
傳真號碼：+886-2-2796-1377
網絡書店：www.bodbooks.com.tw
台灣國家書店讀者服務中心：
地址：台灣台北市中山區松江路二〇九號一樓
電話號碼：+886-2-2518-0207
傳真號碼：+886-2-2518-0778
網絡書店：http://www.govbooks.com.tw

中國大陸發行　零售：深圳心一堂文化傳播有限公司
深圳地址：深圳市羅湖區立新路六號羅湖商業大廈負一層〇〇八室
電話號碼：(86)0755-82224934

心一堂微店二維碼

心一堂淘寶店二維碼

心一堂術數古籍 珍本整理 叢刊 總序

術數定義

術數，大概可謂以「推算（推演）、預測人（個人、群體、國家等）、事、物、自然現象、時間、空間方位等規律及氣數，並或通過種種『方術』，從而達致趨吉避凶或某種特定目的」之知識體系和方法。

術數類別

我國術數的內容類別，歷代不盡相同，例如《漢書・藝文志》中載，漢代術數有六類：天文、曆譜、五行、蓍龜、雜占、形法。至清代《四庫全書》，術數類則有：數學、占候、相宅相墓、占卜、命書、相書、陰陽五行、雜技術等，其他如《後漢書・方術部》、《藝文類聚・方術部》、《太平御覽・方術部》等，對於術數的分類，皆有差異。古代多把天文、曆譜、及部分數學均歸入術數類，而民間流行亦視傳統醫學作為術數的一環；此外，有些術數與宗教中的方術亦往往難以分開。現代民間則常將各種術數歸納為五大類別：命、卜、相、醫、山，通稱「五術」。

本叢刊在《四庫全書》的分類基礎上，將術數分為九大類別：占筮、星命、相術、堪輿、選擇、三式、讖諱、理數（陰陽五行）、雜術（其他）。而未收天文、曆譜、算術、宗教方術、醫學。

術數思想與發展——從術到學，乃至合道

我國術數是由上古的占星、卜筮、形法等術發展下來的。其中卜筮之術，是歷經夏商周三代而通過「龜卜、蓍筮」得出卜（筮）辭的一種預測（吉凶成敗）術，之後歸納並結集成書，此即現傳之《易

經》。經過春秋戰國至秦漢之際，受到當時諸子百家的影響、儒家的推崇，遂有《易傳》等的出現，原本是卜筮術書的《易經》，被提升及解讀成有包涵「天地之道（理）」之學。因此，《易・繫辭傳》曰：「易與天地準，故能彌綸天地之道。」

漢代以後，易學中的陰陽學說，與五行、九宮、干支、氣運、災變、律曆、卦氣、讖緯、天人感應說等相結合，形成易學中象數系統。而其他原與《易經》本來沒有關係的術數，如占星、形法、選擇，亦漸漸以易理（象數學說）為依歸。《四庫全書・易類小序》云：「術數之興，多在秦漢以後。要其旨，不出乎陰陽五行，生尅制化。實皆《易》之支派，傳以雜說耳。」至此，術數可謂已由「術」發展成「學」。

及至宋代，術數理論與理學中的河圖洛書、太極圖、邵雍先天之學及皇極經世等學說給合，通過術數以演繹理學中「天地中有一太極，萬物中各有一太極」（《朱子語類》）的思想。術數理論不單已發展至十分成熟，而且也從其學理中衍生一些新的方法或理論，如《梅花易數》、《河洛理數》等。

在傳統上，術數功能往往不止於僅僅作為趨吉避凶的方術，及「能彌綸天地之道」的學問，亦有其「修心養性」的功能，「與道合一」（修道）的內涵。《素問・上古天真論》：「上古之人，其知道者，法於陰陽，和於術數。」數之意義，不單是外在的算數、歷數、氣數，而是與理學中同等的「道」、「理」--心性的功能，北宋理氣家邵雍對此多有發揮：「聖人之心，是亦數也」、「萬化萬事生乎心」、「心為太極」。《觀物外篇》：「先天之學，心法也。……蓋天地萬物之理，盡在其中矣，心一而不分，則能應萬物。」反過來說，宋代的術數理論，受到當時理學、佛道及宋易影響，認為心性本質上是等同天地之太極。天地萬物氣數規律，能通過內觀自心而有所感知，即是內心也已具備有術數的推演及預測、感知能力；相傳是邵雍所創之《梅花易數》，便是在這樣的背景下誕生。

《易・文言傳》已有「積善之家，必有餘慶；積不善之家，必有餘殃」之說，至漢代流行的災變說及讖緯說，我國數千年來都認為天災，異常天象（自然現象），皆與一國或一地的施政者失德有關；下至家族、個人之盛衰，也都與一族一人之德行修養有關。因此，我國術數中除了吉凶盛衰理數之外，人心的德行修養，也是趨吉避凶的一個關鍵因素。

術數與宗教、修道

在這種思想之下，我國術數不單只是附屬於巫術或宗教行為的方術，又往往是一種宗教的修煉手段--通過術數，以知陰陽，乃至合陰陽（道）。「其知道者，法於陰陽，和於術數。」例如，「奇門遁甲」術中，即分為「術奇門」與「法奇門」兩大類。「法奇門」中有大量道教中符籙、手印、存想、內煉的內容，是道教內丹外法的一種重要外法修煉體系。甚至在雷法一系的修煉上，亦大量應用了術數內容。此外，相術、堪輿術中也有修煉望氣（氣的形狀、顏色）的方法；堪輿家除了選擇陰陽宅之吉凶外，也有道教中選擇適合修道環境（法、財、侶、地中的地）的方法，以至通過堪輿術觀察天地山川陰陽之氣，亦成為領悟陰陽金丹大道的一途。

易學體系以外的術數與的少數民族的術數

我國術數中，也有不用或不全用易理作為其理論依據的，如揚雄的《太玄》、司馬光的《潛虛》。也有一些占卜法、雜術不屬於《易經》系統，不過對後世影響較少而已。

外來宗教及少數民族中也有不少雖受漢文化影響（如陰陽、五行、二十八宿等學說。）但仍自成系統的術數，如古代的西夏、突厥、吐魯番等占卜及星占術，藏族中有多種藏傳佛教占卜術、苯教占卜術、擇吉術、推命術、相術等；北方少數民族有薩滿教占卜術；不少少數民族如水族、白族、布朗族、佤族、彝族、苗族等，皆有占雞（卦）草卜、雞蛋卜等術，納西族的占星術、占卜術，彝族畢摩的推命術、占卜術……等等，都是屬於《易經》體系以外的術數。相對上，外國傳入的術數以及其理論，對我國術數影響更大。

曆法、推步術與外來術數的影響

我國的術數與曆法的關係非常緊密。早期的術數中，很多是利用星宿或星宿組合的位置（如某星在某州或某宮某度）付予某種吉凶意義，并據之以推演，例如歲星（木星）、月將（某月太陽所躔之宮次）等。不過，由於不同的古代曆法推步的誤差及歲差的問題，若干年後，其術數所用之星辰的位置，已與真實星辰的位置不一樣了；此如歲星（木星），早期的曆法及術數以十二年為一周期（以應地支），與木星真實周期十一點八六年，每幾十年便錯一宮。後來術家又設一「太歲」的假想星體來解決，是歲星運行的相反，週期亦剛好是十二年。而術數中的神煞，很多即是根據太歲的位置而定。又如六壬術中的「月將」，原是立春節氣後太陽躔娵訾之次而稱作「登明亥將」，至宋代，因歲差的關係，要到雨水節氣後太陽才躔娵訾之次，當時沈括提出了修正，但明清時六壬術中「月將」仍然沿用宋代沈括修正的起法沒有再修正。

由於以真實星象周期的推步術是非常繁複，而且古代星象推步術本身亦有不少誤差，大多數術數除依曆書保留了太陽（節氣）、太陰（月相）的簡單宮次計算外，漸漸形成根據干支、日月等的各自起例，以起出其他具有不同含義的眾多假想星象及神煞系統。唐宋以後，我國絕大部分術數都主要沿用這一系統，也出現了不少完全脫離真實星象的術數，如《子平術》、《紫微斗數》、《鐵版神數》等。後來就連一些利用真實星辰位置的術數，如《七政四餘術》及選擇法中的《天星選擇》，也已與假想星象及神煞混合而使用了。

隨着古代外國曆（推步）、術數的傳入，如唐代傳入的印度曆法及術數，元代傳入的回回曆等，其中我國占星術便吸收了印度占星術中羅睺星、計都星等而形成四餘星，又通過阿拉伯占星術而吸收了其中來自希臘、巴比倫占星術的黃道十二宮、四大（四元素）學說（地、水、火、風），並與我國傳統的二十八宿、五行說、神煞系統並存而形成《七政四餘術》。此外，一些術數中的北斗星名，不用我國傳統的星名：天樞、天璇、天璣、天權、玉衡、開陽、搖光，而是使用來自印度梵文所譯的：貪狼、巨門、祿存、文曲，廉貞、武曲、破軍等，此明顯是受到唐代從印度傳入的曆法及占星術所影響。如星命術中的《紫微斗數》及堪輿術中的《撼龍經》等文獻中，其星皆用印度譯名。及至清初《時憲曆》，置閏之法則改用西法「定氣」。清代以後的術數，又作過不少的調整。

此外，我國相術中的面相術、手相術，唐宋之際受印度相術影響頗大，至民國初年，又通過翻譯歐西、日本的相術書籍而大量吸收歐西相術的內容，形成了現代我國坊間流行的新式相術。

陰陽學——術數在古代、官方管理及外國的影響

術數在古代社會中一直扮演着一個非常重要的角色，影響層面不單只是某一階層、某一職業、某一年齡的人，而是上自帝王，下至普通百姓，從出生到死亡，不論是生活上的小事如洗髮、出行等，大事如建房、入伙、出兵等，從個人、家族以至國家，從天文、氣象、地理到人事、軍事，從民俗、學術到宗教，都離不開術數的應用。我國最晚在唐代開始，已把以上術數之學，稱作陰陽（學），行術數者稱陰陽人。（敦煌文書、斯四三二七唐《師師漫語話》：「以下說陰陽人謾語話」，此說法後來傳入日本，今日本人稱行術數者為「陰陽師」）。一直到了清末，欽天監中負責陰陽術數的官員中，以及民間術數之士，仍名陰陽生。

古代政府的中欽天監（司天監），除了負責天文、曆法、輿地之外，亦精通其他如星占、選擇、堪輿等術數，除在皇室人員及朝庭中應用外，也定期頒行日書、修定術數，使民間對於天文、日曆用事吉凶及使用其他術數時，有所依從。

我國古代政府對官方及民間陰陽學及陰陽官員，從其內容、人員的選拔、培訓、認證、考核、律法監管等，都有制度。至明清兩代，其制度更為完善、嚴格。

宋代官學之中，課程中已有陰陽學及其考試的內容。（宋徽宗崇寧三年〔一一零四年〕崇寧算學令：「諸學生習……並曆算、三式、天文書。」「諸試……三式即射覆及預占三日陰陽風雨。天文即預

定一月或一季分野災祥，並以依經備草合問為通。」

金代司天臺，從民間「草澤人」（即民間習術數人士）考試選拔：「其試之制，以《宣明曆》試推步，及《婚書》、《地理新書》試合婚、安葬，並《易》筮法，六壬課、三命、五星之術。」（《金史》卷五十一·志第三十二·選舉一）

元代為進一步加強官方陰陽學對民間的影響、管理、控制及培育，除沿襲宋代、金代在司天監掌管陰陽學及中央的官學陰陽學課程之外，更在地方上增設陰陽學課程（《元史·選舉志一》：「世祖至元二十八年夏六月始置諸路陰陽學。」）地方上也設陰陽學教授員，培育及管轄地方陰陽人。（《元史·選舉志一》：「（元仁宗）延祐初，令陰陽人依儒醫例，於路、府、州設教授員，凡陰陽人皆管轄之，而上屬於太史焉。」）自此，民間的陰陽術士（陰陽人），被納入官方的管轄之下。

至明清兩代，陰陽學制度更為完善。中央欽天監掌管陰陽學，明代地方縣設陰陽學正術，各州設陰陽學典術，各縣設陰陽學訓術。陰陽人從地方陰陽學肄業或被選拔出來後，再送到欽天監考試。（《大明會典》卷二二三：「凡天下府州縣舉到陰陽人堪任正術等官者，俱從吏部送（欽天監），考中，送回選用；不中者發回原籍為民，原保官吏治罪。」）清代大致沿用明制，凡陰陽術數之流，悉歸中央欽天監及地方陰陽官員管理、培訓、認證。至今尚有「紹興府陰陽印」、「東光縣陰陽學記」等明代銅印，及某某縣某某之清代陰陽執照等傳世。

清代欽天監漏刻科對官員要求甚為嚴格。《大清會典》「國子監」規定：「凡算學之教，設肄業生。滿洲十有二人，蒙古、漢軍各六人，於各旗官學內考取。漢十有二人，於舉人、貢監生童內考取。附學生二十四人，由欽天監選送。教以天文演算法諸書，五年學業有成，舉人引見以欽天監博士用，貢監生童以天文生補用。」學生在官學肄業、貢監生肄業或考得舉人後，經過了五年對天文、算法、陰陽學的學習，其中精通陰陽術數者，會送往漏刻科。而在欽天監供職的官員，《大清會典則例》「欽天監」規定：「本監官生三年考核一次，術業精通者，保題升用。不及者，停其升轉，再加學習。如能黽勉供職，即予開復。仍不及者，降職一等，再令學習三年，能習熟者，准予開復，仍不能者，黜退。」除定期考核以定其升用降職外，《大清律例》中對陰陽術士不準確的推斷（妄言禍福）是要治罪的。《大清律例・一七八・術七・妄言禍福》：「凡陰陽術士，不許於大小文武官員之家妄言禍福，違者杖一百。其依經推算星命卜課，不在禁限。」大小文武官員延請的陰陽術士，自然是以欽天監漏刻科官員或地方陰陽官員為主。

官方陰陽學制度也影響鄰國如朝鮮、日本、越南等地，一直到了民國時期，鄰國仍然沿用着我國的多種術數。而我國的漢族術數，在古代甚至影響遍及西夏、突厥、吐蕃、阿拉伯、印度、東南亞諸國。

術數研究

術數在我國古代社會雖然影響深遠，「是傳統中國理念中的一門科學，從傳統的陰陽、五行、九宮、八卦、河圖、洛書等觀念作大自然的研究。……傳統中國的天文學、數學、煉丹術等，要到上世紀中葉始受世界學者肯定。可是，術數還未受到應得的注意。術數在傳統中國科技史、思想史，文化史、社會史，甚至軍事史都有一定的影響。……更進一步了解術數，我們將更能了解中國歷史的全貌。」（何丙郁《術數、天文與醫學中國科技史的新視野》，香港城市大學中國文化中心。）

可是術數至今一直不受正統學界所重視，加上術家藏秘自珍，又揚言天機不可洩漏，「（術數）乃吾國科學與哲學融貫而成一種學說，數千年來傳衍嬗變，或隱或現，全賴一二有心人為之繼續維繫，賴以不絕，其中確有學術上研究之價值，非徒癡人說夢，荒誕不經之謂也。其所以至今不能在科學中成立一種地位者，實有數因。蓋古代士大夫階級目醫卜星相為九流之學，多恥道之；而發明諸大師又故為惝恍迷離之辭，以待後人探索；間有一二賢者有所發明，亦秘莫如深，既恐洩天地之秘，復恐譏為旁門左道，始終不肯公開研究，成立一有系統說明之書籍，貽之後世。故居今日而欲研究此種學術，實一極困難之事。」（民國徐樂吾《子平真詮評註》，方重審序）

現存的術數古籍，除極少數是唐、宋、元的版本外，絕大多數是明、清兩代的版本。其內容也主要是明、清兩代流行的術數，唐宋或以前的術數及其書籍，大部分均已失傳，只能從史料記載、出土文獻、敦煌遺書中稍窺一鱗半爪。

術數版本

坊間術數古籍版本，大多是晚清書坊之翻刻本及民國書賈之重排本，其中豕亥魚魯，或任意增刪，往往文意全非，以至不能卒讀。現今不論是術數愛好者，還是民俗、史學、社會、文化、版本等學術研究者，要想得一常見術數書籍的善本、原版，已經非常困難，更遑論如稿本、鈔本、孤本等珍稀版本。在文獻不足及缺乏善本的情況下，要想對術數的源流、理法、及其影響，作全面深入的研究，幾不可能。

有見及此，本叢刊編校小組經多年努力及多方協助，在海內外搜羅了二十世紀六十年代以前漢文為主的術數類善本、珍本、鈔本、孤本、稿本、批校本等數百種，精選出其中最佳版本，分別輯入兩個系列：

一、心一堂術數古籍珍本叢刊

二、心一堂術數古籍整理叢刊

前者以最新數碼（數位）技術清理、修復珍本原本的版面，更正明顯的錯訛，部分善本更以原色彩色精印，務求更勝原本。并以每百多種珍本、一百二十冊為一輯，分輯出版，以饗讀者。

後者延請、稿約有關專家、學者，以善本、珍本等作底本，參以其他版本，古籍進行審定、校勘、注釋，務求打造一最善版本，方便現代人閱讀、理解、研究等之用。

限於編校小組的水平，版本選擇及考證、文字修正、提要內容等方面，恐有疏漏及舛誤之處，懇請方家不吝指正。

心一堂術數古籍 珍本 整理 叢刊編校小組

二零零九年七月序

二零一四年九月第三次修訂

四明山人著

章仲山先生解

元空秘旨

山初氏抄

目次

第一 玄空秘旨 十一頁
第二 元机賦 四頁
第三 九星生煞章 頁半
第四 宅相 半頁
第五 三元選擇歌 二頁
第六 五行明篇 一頁
第七 星辰関篇 一頁

第八　因象求義　三頁

共二十四頁

元空秘旨

慕講禪師著

錫山無心道人解　章仲山

元空者、倒地翻天。隨時變易之元机也。幕講深得其奧。作此祕旨。闡發青囊天玉之至理。九星双起之元關。辨吉凶。定盛衰。發皆中節。靈如桴鼓。真理氣之金鍼也。

不知變易。但知不易。九星八卦皆空。不識三般（上中下）。那識兩用（陰陽）（片）。凡屬五行盡錯。顛之倒之。轉禍福于指掌（九宮掌）之間。左挨右挨。辨吉凶于毫芒之際。一天星斗。運用正在中央（中五之位）。九曜干支。旋轉由乎北極（一坎）。

此言元空大卦。陰陽五行。縱橫顛倒。變化不測。毫厘千里。甚屬元微。幕帝講恐讀者無所適從。又將象星旋轉之機以示人。謂象星之所以旋轉也。其機在乎北極。陰陽之所以顛倒也。其樞在乎三般。讀者細細揣之。則從橫顛倒之機隨時變易之理。自可得而知矣。

夫婦相逢於道路。却嫌阻隔不通情。兒孫盡在庭門。猶恐凶頑無孝義。

相逢者。即山上水裡。陰陽相見。配合生生之謂也。相見而得其所自有福祿之蔭。相見而不得其所。便是禍咎之根。用法即得。是方或逢形勢反背水法傾流。似是而非。定有阻隔凶禍之更變矣。○此節及下文總言山上水裡挨星得失之元微。其中奥妙。全在説卦以推氣用卦以明理。繫詞以辨吉凶。因形察氣。因氣求形。以推休咎也。

卦爻亂雜。異性同居。吉凶相併。螟蛉為嗣。

出卦則卦氣雜亂。雜亂則龍神交戰。自有此應。雜亂指干支方位而言。相併指挨星反伏而言。所謂用得即是相見用失便謂之反吟。

山風(艮巽)值，而泉石膏肓。午酉逢，而江湖花柳。星(午)聯奎壁(戌)，啟八代之文章。胃入斗牛(子)，積千箱之玉帛。雞(酉)交鼠(子)而傾瀉，必犯徒流。雷(震)出地而相冲，定遭桎梏。

星火 奎土 壁木 胃土 斗木 牛金

艮為山，止也。陽在上則止。巽為風，入也。陰在下則伏。止其山，不事王侯，高尚之士也。伏其風，隱逸不求聞達，於謁侯也。止伏相投，自有泉石之癖。離為火，為目，為心，惟性喜流動。兌為金，為少女，為妾，性愛驕奢。離，麗也。一陰附于陽則喜。兌，說也。少陰出于陽則說。離、兌相逢。故有江湖花柳之应也。星应日。司文章翰墨之神。躔于奎壁。定卜文才傑出。胃為土。主倉廩五穀之府。躔于牛斗。定致千箱之積。兑加如坎、或傾泻奔流。一遇歲君。徒流不免。震若交坤、或相冲相射。年逢三碧。桎梏難逃。

火九若尅金六兼化木三。数经回禄之災。土能制水。复生金。定主田庄之富。木見火而生聰明奇士。火見土而出愚鈍頑夫。無室家之相依。奔走于東西道路。鮮烟缘之作合。寄食于南北人家。

此節專言生尅制化之理。妙在山水峯峦五星九星正变之象。辨別清楚。再辨元空隨時變易之机。往来進退之理。認得分明。當補其補。當瀉其瀉。制法化得宜。自能得心應手。稍有偏勝。宜見榮枯。理之必然者也。如火金相剋。當扶水以剋之。或培土以洩之。乃是扶金旺水之至理。若反以木助火。火藉而愈熾。木生火而愈旺。四祿難逃。土剋水。則水自涸。得金曜重重。洩土旺水。自有田庄之富。所謂強者宜洩。弱者宜扶。即同此意。火由木出。母子相得。木火通明。定多俊聰。土本火生。太過則炎火土燥。自產遲頑。男以女為室。女以男為家。無室無家。是言孤陰孤陽。無所依靠。故言奔走寄食于南北東西也。

男女多情。無媒妁而為私合。陰陽相見。遇寃讐則反無情。惟正配而一交。有夢蘭之兆。得干神之雙至。多折桂之英。

多情、言山形水勢相得之情。媒妁、謂立穴定向之得宜。如立穴定向、廿有差錯。猶男女不用媒妁。便為私合。陰陽雖得相見。遇反伏冲尅。上山下水。顛倒誤用。反恩為仇。定見災殃。雙至、即干支品配得宜。山工水裡。排來都吉之謂也。此即青囊所謂四神第一共是也。

陰神滿地成羣。紅粉場中快活。火曜連珠相逢。青雲路上逍遥。
非類相從。家多淫亂。姻親有合。出世賢良。
四七九二為陰神。謂星重疊于水口三叉。或值门方向首。男女貪淫。火曜。即尖秀挺拔之峯。排立於主山朝案。而又得一六連珠之妙。自能早登科第。得志當時也。所云相從相合共。
總言山上水裡之元空。及方位干支。清純錯雜之應耳。
負棟震入南離。竚見廳堂再煥。驅乾車朝北闕坎。時聞丹詔頻来。全無生氣入门。糧蹇一宿。會有旺神到穴。富積千箱。

負卦排也挨也挨排震木加于離火出乎震卦復加以相見乎離故

有廐堂之用煥乾金排于坎水成乎地卦又生乎天天地生生不

息定主丹詔頻来無生氣有旺神總言宜生不宜尅宜旺不

宜衰此亦趋旺避衰之最要卦也

相尅（如三与八相比）而有相濟之功先天之乾坤（或是尅入为旺）大定相生而有相凌之（即是出生为退）害後

天之金水相併

此言河圖洛書先後天陰陽變易之机五行顛倒之氣顛倒变

易相尅相生乃陰陽五行自然之理也且先天主體後天主

用為體者不可以用言為用者不可以體言所謂先天八卦體
用咸明者此也
木傷土而金位重重禍須有救火煉金而水神疊疊災亦能禳
土涸水而旺無妨金伐木而火榮無忌
此節申言生尅制化得宜之妙必須形氣兼看方得制化
之至精微此形合而氣不合或氣合而形不合稍有偏勝制
化雖得亦見榮枯理勢之必然者也
忌神旺而制神衰乃入室以操戈吉神衰而凶神旺直開門而

揖盜

剋我者謂之忌神剋神即剋剋我之神也剋々無權定见操戈之患吉不敢凶自有揖盜之灾要之一贵當權诸凶咸服衆凶主剋獨力難支此一扶生剋剋之一法也

重々剋入立见死亡位々生來連添喜氣不剋我而剋我同類多鰥寡孤獨之人不生我而生我家人出俊秀聰明之士出則不剋々則不生陰陽五行自然之理也所云位々重々指门方水口而言门方水口有生入尅入之害利同類家人指

干支卦爻而言干支卦爻有正剋傍剋之吉凶一出一剋一正一傍。應驗各殊。讀者當察五行之性情山水之形勢去來得失之間。趨生避死。迎旺去衰自無死傷孤寡之患矣。

爲父（乾）所剋。男（震）不招兒。爲母（坤）所傷女難得嗣。沒人不肖因生方之反背無情賢嗣承宗緣生位之端方朝揖。

木受金剋。長子難招。水被土傷次子無嗣。皆指元空而言非指方位。所云朝揖反背。蓋言山水之情形生方旺方是言挨星之得之得失。生方果有真情相向。并有朝揖情形。

兒孫定多賢良孝友。此即因形察氣。因氣求形之一法。揔之兼形兼氣兼理而推休咎。方能一毫不爽耳。

我尅彼而竟遭其辱。為財帛以喪身。我生之而反受其殃。因產難而致死。生之太過。反主死傷。尅之太急。反遭其辱。均由形氣乖戾之故。所謂過猶不及。共此也。

腸腹坤多水而膨脹。足震見金而蹣跚。巽宮水路纏乾。主有吊梁之厄。兌位明堂破震。定生吐血之災。風行地而硬直。雖當室有欺

姑之婦火燒天而張牙相鬭家生罵父之兒
坤為腹為土々衰不能制水自有膨脹之疾震為足為木
為肝々主血受乾兌金剋則木壞肝傷主足跛吐血之症
巽本為長女坤為老母風行地則坤母受剋于巽女更兼
形勢硬直無情故有欺姑之婦乾為天為父為金乾金
受剋于離火更有張牙不遜之勢必生不孝之兒種々不法
大関風化全在立穴定向之際斟酌得宜苟能挽逆為順
实大有功于名教也○此節總言相剋之利害腹膨吐血欺

姑罵父。此皆形氣相剋之応驗也。讀者當细心參考。務宜無形無氣方得九星八卦之精微。

两局相関。必生孪子。孤龍单结。定有独夫。孪生患切、又数患切、音涮。乳兩子也、又力员切。

應平声、義同。

两局、指承氣收水而言。孤单、指地氣形势而言。此節專言龍水澗狹厚薄之應。

坎宮高塞而耳聾。離位傷残而目瞎。兑缺陷而唇亡齒寒。艮破碎而筋枯臂折。山地被風吹。還生風疾。雷風因金死。

空被刀兵。

坎耳离目艮手震足、揔兼形象而占休咎之総共也。秘、旨所言卦理。是元空變易之卦理。非南离北坎之定位也。讀共切勿誤會。如坎方高塞。定主耳聾。离位傷殘。必多目疾。兌取象于口。缺陷、自有唇亾齒缺之憂。艮取象於身手。破碎、自有臂折筋枯之患。艮坤為土、土被巽風吹刼。風疾雖逃。震巽為木。遭乾兌金傷。刀兵必至。種種均由縱横顛倒。相沖相射。形象之所应也。

家有少亡為冲殘子息卦庭無耆老都因應攻破父母爻
乾坤為父母六卦為子息此是八卦之父母也諸卦自為父母
三爻為子息此一卦之父母也如元空之父母子息則又以變
易干支共為父母以何位何宮倒地翻天共為子息所云
冲殘攻破總言生氣受敵剋之故耳
漏道在坎宮遺精泄血破居軍兵位顛病風狂開口筆揷于
離方必落孫山之外離鄉砂飛於艮位定亡驛路之中
漏道共是水分兩處非分濱之枝之謂也坎為水為腎主

精血是方適逢傾瀉奔流使是腎氣不固自有遺精泄血之病其餘頗病風狂總是因形察氣之法耳

金水多情貪花戀酒木金相反背義忘恩震庚會局文臣而兼武將之權丁丙朝乾貴客而有耆耄之壽天市合丙坤富堪敵國離壬會子癸喜產多男

金水多情金木相反是言元空之金木非東木西金之方位也震為天爵祿庚號武爵元空會合文武全才丁為南極丙為太微果有真情朝拱自能貴而多壽壽艮為天

市本主財禄又得火土相扶定然富敵王公離壬子癸會
成既済主有多男之瀀（濟）瀀然体必得其体用必得其
用方有是徵若拘拘於呆法廿百無一得
四生有合人文旺四旺無冲田宅饒丑未換局而出僧尼震巽
失宮而生賊丐南離北坎位極中天長庚啓明交戰四國
健而動動非佳兆止而靜靜罔（罔）不宜富并陶朱斷是堆金積
玉貴比王謝總緣喬木扶踈辛比庚而辛更精神甲附乙而
甲益靈秀癸為元龍壬號紫氣昌盛各有攸司丙臨文曲

丁近傷官人財因之以耗之

有合無冲者即彼此生生無冲射反伏之謂也东木西金南离北坎者是言四生四旺各得其宜之妙健動止靜謂干支卦爻清浊者為靜為止錯襍者為動為健如論山水則又以形動者為動形靜者為靜所謂行乎其所不得不行止乎其所不得不止氣勢兩無方是真止真動王謝陶朱總言水山峯巒體用兼得之狀也甲山庚辛不拘来山去水方位干支須歸一路如丙雜巽丁入兌一泄一刻自有

偏枯耗散之病病矣

見祿存瘟癀必發遇文曲蕩子無歸值廉貞而火災頻見逢破軍而身体多虧四墓非吉陽土陰土貴剪裁四生非凶卦內卦外由我取要知禍禍福福因由妙天心橐籥

此節專辨諸星之應驗必須測氣象辨九星察形勢看遠近再推五行生剋制化之理吉凶消長之机而言得、言失言禍言福自能百不失一陰土陽土者即借庫自庫之謂也卦內卦外云者即得失之謂也讀者須從天心顛倒之間。裁取得失。自無不當耳。
青囊萬卷。揔不出体用二字。雖有山水之分。用有得
失之辨。体有移步之不同。用有隨時之更變。用必依
形而顯休咎。體必因氣而見吉凶。要之。体無用不靈。
用無体不驗。必須形氣兩兼。默參九星生剋之理。以
推休咎。方得體用之精微。此秘旨言體言用。條分縷
晰。闡發精詳。無微不入。非得青囊之窔奧。河洛之
理者。焉能道其隻字耶。

玄機賦

大哉居乎成敗所係微哉塋也興廢攸関氣口司一宅之樞机
龍穴樂三吉之輔佐陰陽雖分四路宗支只有兩家數列五
行體用恩仇始見星分九曜吉悔凶吝乃彰宅元不可損傷
用神最宜健旺值雖不傷只為難歸閒地逢恩不發總
緣恩落仇宮一貴當權諸凶自服衆星剋主獨力難支
　陰陽本無二理體用各有專司陽宅重乎氣口須憑出
入門户生旺陰地重于龍穴還須三吉五吉輔佐盈虛消

長雖分四路祇有兩家宅元乃向所受之氣也向上所受之氣斷不可與门路沖剋门路所得之氣有傷向首所受之氣此即為損傷用神健旺仍以向上所受之氣而言非非另有用神也其餘總以內户剋作之理宜推之龢用水神元也乃龍穴所喜之元雖歸同地因謝之方恩落仇宫剋制無力也一貴居於生旺而羣凶俯首衆星剋主獨力難支也

地泰天為泰老陰之土生老陽若坤配兑女庶妾雖投寡母之

歡心。澤山為咸。少男之情屬少女。若艮配純陽。鰥夫豈有發生之机括。乾兌托假鄰之誼。艮坤適你尔之情。双木成林。雷風相薄。中爻得配。水火方交。

此即陰陽老少。剛柔同心。各自求之道也。

火炎土燥。南離何益於艮坤。水冷金寒。坎癸不滋乎乾兌。

然四卦之互交。固取生旺。八宮之滯合。自有假真。

兩卦分宗。雖則離火不生艮坤之土。坎水不滋乾兌之金。分東西納合之生剋。全後天子息。卜取玄竅相通。為四淫交媾。以求生旺也。以下皆言八宮之締合。其真假在乎先天之納合耳。○此節申言過猶不及之意。体用都以和平為貴。

輔臨丁丙。（輔是艮、丁丙為脊、臨丁丙火生阳土）位位朝班。巨入艮坤田連阡陌。名揚科第。貪狼星在巽辛。（貪狼屬木在巽辛、乃水生木、）職寄閫戎。武曲峯當庚、震。

此節言九星中四吉雖貴。必須歸垣得地。若臨閫地休宮。從秀美雖邀吉慶。

風行地上決定傷脾火照澤天必當吐血水兼乾戌莊生雖免鼓歌盆流離未坤買臣常遭婦賤艮非宜也筋傷股折兌不利乎唇亡齒寒坎宮缺陷而墮胎離位巉巖而損目

言五行生尅之理陰陽偏勝之應驗總在山上水裏之五行而有是應也若拘方位而猜何異痴人說夢蓋天有五星地有五行人有五臟人與天地一氣相通五行受尅五臟即應此節所言損目俾〔傷〕脾等〻揔由形勢偏勝而見之於五臟也

木為火神之本。水為木氣之元。陰就離風散而易息。震陽生火雷奮而火尤明。震與坎為乍交。離共陰而暫合。坎為生氣。得陰木而附竉聯歡。乾之元神用兌金而旁城假主。

言先天對待之夫妻。固為正配。若暫交合。雖非正理。亦得相投相合而附竉聯歡、旁城假主、亦見均宜。此節專言九星制作之法。親疏遠近。体用兼得。方能危捻。乾首坤腹。八卦推詳。癸足丁心。十干類取。畧泄河圖祕奧。實為天地元机。

先天以八卦為体。後天以八干為用近取諸身。遠取諸物。以類、應也。

此篇亦目講師手作。以補秘旨之不及。與天玉諸經義理符合。時師不識真机元妙之理。故將陰陽顛倒。却無應論。那知陰陽二宅。雖作用殊。其理則一。所謂天地無兩途。陰陽無二理也。

道光十四年甲午歲四月既望 二泉山右無心道人注 伭在秘旨

「離趨壬癸、之向南離、○坎得丁坤而發貴、丙逢辛艮以鍾靈、○庚宜
艮震、坤遇癸交、○艮辛乃丁龍樂許、丙兩巽為交必從、○兌
丁為正配、見亥艮而富尤奇、○辛見巽之見辛、兩承丹用、○艮生壬、
壬生丙、識為上吉、○天市見庚、才堪文武、少男遇巽、福壽雖全、
此實卦象之攸同○抑陰陽之相見也○」乾兌必泛坤艮○离震必泛巽坎○坤巽離兮
坤巽离○山水龍神个个之齊○上一句、有作巽坤离向巽坤离○俱考○乾震坎中乾震坎○一家骨
月一家宜卦分兌艮分上下○一个東來一个西○有作卦分兌艮添三合○兩个東來兩个西○此是
元空真妙訣○毋庸濫授洩天機○政曰、此抽爻換象一家○另有挨星法○不論○萱慶曰、政不懂三元天元運○竟將先天卦作○批作抽爻換象○

九星生旺剋煞章

一白水為中男、為魁首、文章之府。生旺、少年科第。名播華夷。剋煞、刑妻瞎眼。飄蕩夭亡。

二黑土、生旺、人丁財禄。武貴朝堂。要奪天權。陰謀鄙吝。剋煞、夭亡寡婦。腹疾癰瘡。

三碧木為長男。生旺、興家立業。貢監功名。剋煞、疕瘋哮病。殘疾刑妻。是非官訟。家業蕭條。

四綠木為長女、為文昌、生旺。科奕世。文名科第聯芳。女貌端姘。聠姻貴族。剋煞、疯哮自縊。婦女汚淫。男子飄流。淫色破退。

五黃土、為戊己大煞、不論生剋俱大凶。宜安靜不宜動作。年、神并臨。即損人丁。輕則災病。重則重喪。且主孝子昏迷。痴呆。官訟淫亂。

六白金為老陽、生旺。威權震世。武職勳名。且主富而多子。尅煞、刑妻孤獨。寡寡婦侍家。

七赤金為少女、生旺。發才旺丁。武途仕宦。剋煞、投軍橫死。盜賊刑名。火災損少。口舌官非。

八白土、為少男、生旺。孝義忠良。富贵綿遠。剋煞、幼小損傷。、瘟瘇膨脹。

九紫火、為中女、生旺。文章科第。豫致榮華。中房受蔭。易廢易興。尅煞、吐血傷残。伶仃孤苦。産亡目疾。回祿官災。

宅相

陽基形勢贵裁量。僕妾兒孫各有房。一步一星隨地变。门窗衢路相推詳。天光落处看風色。此事精微莫顯揚。一宅之中灾福異。休生休死在微茫。

僕妾及兒孙之房。總要生家長之房。或相比。不得相剋相克。门衢路巷。天光落处。俱要生旺之氣。然此事甚精微。得其传者慎勿輕洩。以遺

天論

主星所克之房為死氣△△。如金見木〻見土等類。出行此方失財。房門、此方生女。然坤艮見一白。震巽見八白。離見六白。坎見九紫。皆為生氣。財旺生官。功名顯達。主死所生之方為退氣△△。如水見木〻見火等類。犯之退田庄。損六畜。人口蹇難。房門犯此漏胎小產。然火見八白。金見一白。土見六白。木見紫九。皆為善曜。逢生旺運。却生貴子科第聯芳。主受剋方為煞氣△△。如水見土〻見木等類。犯之人才不旺。甚至破滅。然水見八白。又為合貴。火見一白。又為相配。此理精微。細分生克。

愚按此以一六八九。不與死煞退論。又與前章不同。亦可參看。均不可拘之一格。 元人

三元選擇歌

麻衣先生著

人家起造併修作。選用須斟酌。吉星貢福惡星災。年月日時排。先課行年家長命。吉凶分明定。進宮吉宿退宮方。方見有災殃。天地陰陽併日月。五行分明別。三元根本最為精。五兆要相生。相剋相對沖家破敗。只此為災怪。相生災鬼逐爻分。父母及兒孫。且論積筭三元祖。九曜傳今古。連珠遁甲替宮飛。一一要君知。年月日時四課上。仔細看併樣忽然紫白一時加方道實堪誇吉時有氣方為吉九紫三白位凶星值旺一時凶黃黑總皆同吉凶豈不分明說切怕臨墓絕五行中有箒箭殺逐一要分別刑殺若臨傷暴危本命為端的白有中殺少人知臨死却求竪穴撻殺惟看四墓辰戌丑未處三年兩載禍頻頻退敗又傷人太歲一星名最惡莫教侵犯着家破瘟火事無休夫婦女人憂八白仍復審金木三元五行足本宮是本木外來金內外自相征乾父坤母震居長艮少坎中相巽為長女妹中宮

兑廿离女中。甲首山喉丙两目。癸足丁心戚戊己腹。庚腰辛膝頷
壬居。乾首坤腹震手足。三元互宮莫容易。五行亦同例。金
來入木必遭殃。水土主瘟癀。木居土上多瘡癤。產婦併傷
折。火入金位必紅光。瘟癘及灾殃。犯着太歲併月建。令
人家破敗。時師只道白居方。到了便為殃。生殺之宮元來
吉。聰明多官職。修營必定進田庄。牛馬遍山岡。二黑凶星
君莫犯。多被明時師賺。破家瘟火損其妻。水土報君知。
三碧為生。發長房。福祿更難量。若然為殺長房殃。暴

死見閻王。四綠為殺莫興工。長子禍重重。如作忌星福自來。長子庫常開。五黃眞是凶神位。瘟癀病遭官鬼。田園六畜盡皆傷。骨肉見分張。七赤為生發少房。少女得衣糧。如臨殺地須防。少不可修方道。三元且有暗建殺。略興與時師話。一白二黑至中宮。坤坎却為凶。九星墓絕眞難識。五行数中覓。乾坤艮巽四宮流。入着便為休。水侵火土黃虛腫。土木奸邪重。開牛交劍煞難當。金木白刑傷。申子辰水居一六。土五十尋。逐火数寅午戌為殃。二七莫商量。

木殺怕逢亥卯未。三八分明忌。金逢四九莫匆匆。巳酉丑年凶。
奉勸時師仔細算。訣定詳星斷。但求五曜及三元。萬古
總流傳。

五行明篇

春木旺火相土死金囚水休
夏火旺土相金死水囚木休
秋金旺水相木死火囚土休
冬水旺木相火死土囚金休

旺相死休囚。五字循環。運用妙
無窮。旺相吉星當位立。福如春艸
信堪奇。非但消災并滅禍。自然光
顯吉相依。休死吉凶何處斷。禍

四季月土旺金相水死木囚火休　亦少兮福亦稀　蓋行五其用

雖同　旺各不同也

用得真神無氣机　終難發跡自衰羸　旺相凶星兼位得

禍殃灾厄滿柴扉　非但破才并疾病　尒主死絶百般衰

若是凶星皆凶死　究厌無餘免灾危　半吉半凶休氣立

前有災愆没有秋　總念吉星逢旺氣　自能發福滅灾

尤　○我生為相　生我為休　克我為囚　我克

為死　同我為旺　○此篇以補選擇歌之不及　之一

星辰闕篇

立極初分九位星。相生相剋遞相成。冬至水兮夏至火。主南主北自分明。春分三碧秋分赤。四分旺氣又須識。惟有坤艮及中宮。二土之星居未得。艮為陽土立春興。坤為陰土秋多力。五黃最是無定星。在陽比陽合陽德。夏至以後配作坤。凶黑亦同于二黑。自是此星無定准。陽遁順兮陰遁逆。順為吉兮逆為凶。神仙妙用誰人識。乾坤（坎）艮震為陽宮。五黃到處得和同。巽離坤兌為陽地。五黃處（到）終不利。惟有陽時又陰宮。則向人間增善瑞。若然陽遁更居陽。能作瘟癀成氣疾。有了曉此天机。千萬之中無一二。萬工以下年白吉。千百之上月白利。臨时斟酌自消详。旺相吉兮囚死殃。但取吉星乘旺用。渺小神煞自無妨。第一凶星為七赤。三碧四禄不須逢。二黑瘟黄多疾病。陰時不順用中宮。文武二白從来吉。既降福兮又消疾。九紫用時炎夏当。自然吉慶福無疆。

因象求義　形体卦位得失之內外取象会斷

端嚴高聳多護豪雄低小方員庶士富穀天人不起才高無
名馬牛雞犬各得其經庫櫃艮坤財帛豐盈娥眉見異女
色傾城文筆坤申訟詞之興旌旗子午刼盜資生劍戟牙
刀龜雀琴形仙佛聖賢由此星評撒裾舞袖棃園间生偃女月
卧尸夭亡人命乙辰辰交集懸梁厄真木瓢盂鉢僧道齊人
寅甲葫芦瘋病殘痼病尖峯南離火災常與卯心日午馬回
瞽目生人背主側面忤逆逡人摸背推肩陰倭邪淫似砂

非砂盜賊妖精青龍丫口愛賭輸贏左右挺對兄弟鬧爭
穴前傾瀉初年不寧屋分君臣礼義虧之連瓦接棟起倒不
勻簷朽椽爛不整不寧门扇濶狹左右分論左大換妻
右大孤伶墻壁射來了叉不停怪石近前墮胎目疾釘訂目
中患眼瘡癰糞堆门前瘋顛鼻淵梁柱當门不順損人
屋小门大難当欠債屋大门小財好丁少门扇穿破口舌
突禍上大下小産難当曉上小下大漏胎白帶園口向門
媳罵公公左右门冲妯娌舌鋒家用曲木夫妻反目门

扇歆斜。口角如麻。壁枋倚斜。夫妻盱睚。乾高過巽。夫強妻鈍。
坤高獨峻。欺夫確、論。震大低空。長房妻宮。门限高懸。講口
搏拳。籬墻沒沖。指皆之風。前沒樹對。惹禍之崇。碓向中春。
被人嚷醞。十字路来。窩賍貪才。面前擺掌。主敗家囊。前如
抹牌。夜不歸来。盆形在前。賍可不眠。山不回頭。軍流偷牛。砕
如茅葉。出盜打劫。子路風来。被盜失才。並主鼠蚁。瘡疹白
痴。癸風過丁。蝙蝠飛陣。戌上独樹。回禄鼓盆。廟宇刷红。瘟
火血淋。藤纏樹近。牽連禍淫。獨樹戴笠。僧道忤逆。爛

眼樹對。乳癰腫臀。山地窩美、、平陽突興、、傍水發財。尾稍
何寧。墳土石光。其家正興。草稀男墓。青葱女墳。草死
土鬆。白蟻最靈。青苔尤驗。棺水濕墳。菌、苔怪色。內有蛇
羣。泥色污黑。朽棺爛尸。草根血痕。枉死人墳。草根枯焦。直
屬男墳。根涸發乂。陰人是真。尿糞保棺。丁遲人陰。欲言不
言。懶疲惟性乇。棺好見敗。外象非形。廉貞見火。走尸化精。仰
天文曲。生無囊異門。灯居一白。猶瞎眼精。若在二黑。女雖臨盆。
滉之地與人符。時適百寧。夲主興隆。煞、變、為文。卦衰運

逆亍乃翻應陰陽地具淂失當明孰记细察斷捻認如神

原目次

第一　元空祕旨
第二　玄机賦
第三　三元選擇歌
第四　九星生煞章
第五　五行明篇
第六　星辰闗篇
第七　宅相
第八　因象求義
後録萱慶答香
畝先生識

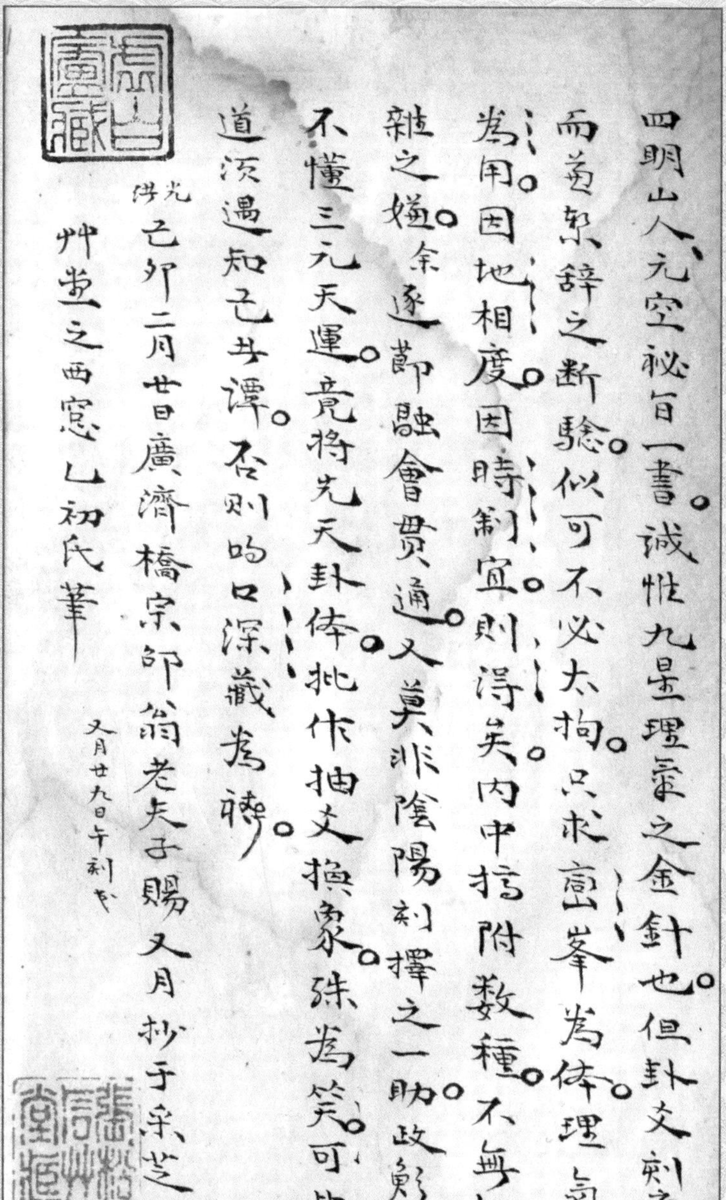
四明山人元空祕旨一書。識性九星理氣之金針也。但卦爻剋應。
而芻象辭之斷驗。似可不必太拘。只求巒峰為体理氣
為用。因地相度。因時制宜。則得矣。內中摻附數種。不無扯
雜之嫌。余逐節融會貫通。又莫非陰陽剋擇之一助。政彰
不懂三元天運。竟將先天卦体批作抽爻換象。殊為笑。可此
道須遇知己再譚。否則噤口深藏為禱。
光緒乙卯二月廿日廣濟橋宗郎翁老夫子賜又月抄于呆芝
艸堂之西窗山初氏筆
又月廿九日午刻也

占筮類			
1	擲地金聲搜精秘訣	心一堂編	沈氏研易樓藏稀見易占秘鈔本
2	卜易拆字秘傳百日通	心一堂編	
3	易占陽宅六十四卦秘斷	心一堂編	火珠林占陽宅風水秘鈔本
星命類			
4	斗數宣微	【民國】王裁珊	民初最重要斗數著述之一；未刪改本
5	斗數觀測錄	【民國】王裁珊	失傳民初斗數重要著作
6	《地星會源》《斗數綱要》合刊	心一堂編	失傳的第三種飛星斗數
7	《斗數秘鈔》《紫微斗數之捷徑》合刊	心一堂編	珍稀「紫微斗數」舊鈔秘本
8	斗數演例	心一堂編	
9	紫微斗數全書（清初刻原本）	題【宋】陳希夷	斗數全書本來面目；有別於錯誤極多的坊本
10-12	鐵板神數（清刻足本）——附秘鈔密碼表	題【宋】邵雍	無錯漏原版 秘鈔密碼表 首次公開！
13-15	蠢子數纏度	題【宋】邵雍	蠢子數連密碼表 打破數百年秘傳 首次公開！
16-19	皇極數	題【宋】邵雍	清鈔孤本附起例及完整密碼表 研究神數必讀！
20-21	邵夫子先天神數	題【宋】邵雍	附手鈔密碼表 研究神數必讀！
22	八刻分經定數（密碼表）	題【宋】邵雍	皇極數另一版本；附手鈔密碼表
23	新命理探原	【民國】袁樹珊	子平命理必讀教科書！
24-25	袁氏命譜	【民國】袁樹珊	
26	韋氏命學講義	【民國】韋千里	民初二大命理家南袁北韋 北韋之命理經典
27	千里命稿	【民國】韋千里	
28	精選命理約言	【民國】韋千里	
29	滴天髓闡微——附李雨田命理初學捷徑	【民國】袁樹珊、李雨田	命理經典未刪改足本
30	段氏白話命學綱要	【民國】段方	民初命理經典最淺白易懂
31	命理用神精華	【民國】王心田	學命理者之寶鏡

32	命學探驪集	【民國】張巢雲	發前人所未發 稀見民初子平命理著作
33	澹園命談	【民國】高澹園	
34	算命一讀通——鴻福齊天	【民國】不空居士、覺先居士合纂	
35	子平玄理	【民國】施惕君	
36	星命風水秘傳百日通	心一堂編	
37	命理大四字金前定	題【晉】鬼谷子王詡	源自元代算命術
38	命理斷語義理源深	心一堂編	稀見清代批命斷語及活套
39－40	文武星案	【明】陸位	失傳四百年《張果星宗》姊妹篇 千多星盤命例 研究命學必備
相術類			
41	新相人學講義	【民國】楊叔和	失傳民初白話文相術書
42	手相學淺說	【民國】黃龍	民初中西結合手相學經典
43	大清相法	心一堂編	重現失傳經典相書
44	相法易知	心一堂編	
45	相法秘傳百日通	心一堂編	
堪輿類			
46	靈城精義箋	【清】沈竹礽	沈氏玄空遺珍 玄空風水必讀
47	地理辨正抉要	【清】沈竹礽	
48	《玄空古義四種通釋》《地理疑義答問》合刊	沈瓞民	
49	《沈氏玄空吹虀室雜存》《玄空捷訣》合刊	【民國】申聽禪	
50	漢鏡齋堪輿小識	【民國】查國珍、沈瓞民	
51	堪輿一覽	【清】孫竹田	失傳已久的無常派玄空經典
52	章仲山挨星秘訣（修定版）	【清】章仲山	章仲山無常派玄空珍秘 門內秘本首次公開 沈竹礽等大師尋覓一生未得之珍本！
53	臨穴指南	【清】章仲山	
54	章仲山宅案附無常派玄空秘要	心一堂編	
55	地理辨正補	【清】朱小鶴	玄空六派蘇州派代表作
56	陽宅覺元氏新書	【清】元祝垚	簡易・有效・神驗之玄空陽宅法
57	地學鐵骨秘　附　吳師青藏命理大易數	【民國】吳師青	釋玄空廣東派地學之秘
58－61	四秘全書十二種（清刻原本）	【清】尹一勺	玄空湘楚派經典本來面目 有別於錯誤極多的坊本

62	地理辨正補註 附 元空秘旨 天元五歌 玄空精髓 心法秘訣等數種合刊	【民國】胡仲言	貫通易理、巒頭、三元、三合、天星、中醫
63	地理辨正自解	【清】李思白	公開玄空家「分率尺、工部尺、量天尺」之秘
64	許氏地理辨正釋義	【民國】許錦灝	民國易學名家黃元炳力薦
65	地理辨正天玉經內傳要訣圖解	【清】程懷榮	秘訣一語道破，圖文并茂
66	謝氏地理書	【民國】謝復	玄空體用兼備、深入淺出
67	論山水元運易理斷驗、三元氣運說附紫白訣等五種合刊	【宋】吳景鸞等	失傳古本《玄空秘旨》《紫白訣》
68	星卦奧義圖訣	【清】施安仁	三元玄空門內秘笈 清鈔孤本 過去均為必須守秘不能公開秘密 與今天流行飛星法不同
69	三元地學秘傳	【清】何文源	
70	三元玄空挨星四十八局圖說	心一堂編	
71	三元挨星秘訣仙傳	心一堂編	
72	三元地理正傳	心一堂編	
73	三元天心正運	心一堂編	
74	元空紫白陽宅秘旨	心一堂編	
75	玄空挨星秘圖 附 堪輿指迷	心一堂編	
76	姚氏地理辨正圖說 附 地理九星并挨星真訣全圖 秘傳河圖精義等數種合刊	【清】姚文田等	蓮池心法 玄空六法 門內秘鈔本首次公開
77	元空法鑑批點本——附 法鑑口授訣要、秘傳玄空三鑑奧義匯鈔 合刊	【清】曾懷玉等	
78	元空法鑑心法	【清】曾懷玉等	
79	曾懷玉增批蔣徒傳天玉經補註【新修訂版原（彩）色本】	【清】項木林、曾懷玉	
80	地理學新義	【民國】俞仁宇撰	
81	地理辨正揭隱（足本） 附連城派秘鈔口訣	【民國】王邈達	揭開連城派風水之秘
82	趙連城傳地理秘訣附雪庵和尚字字金	【明】趙連城	
83	趙連城秘傳楊公地理真訣	【明】趙連城	
84	地理法門全書	仗溪子、芝罘子	巒頭風水，內容簡核、深入淺出
85	地理方外別傳	【清】熙齋上人	巒頭形勢、「望氣」「鑑神」
86	地理輯要	【清】余鵬	集地理經典之精要
87	地理秘珍	【清】錫九氏	巒頭、三合天星，圖文並茂
88	《羅經舉要》附《附三合天機秘訣》	【清】賈長吉	清鈔孤本羅經、三合訣法圖解
89－90	嚴陵張九儀增釋地理琢玉斧巒	【清】張九儀	清初三合風水名家張九儀經典清刻原本！

91	地學形勢摘要	心一堂編	形家秘鈔珍本
92	《平洋地理入門》《巒頭圖解》合刊	【清】盧崇台	平洋水法、形家秘本
93	《鑒水極玄經》《秘授水法》合刊	【唐】司馬頭陀、【清】鮑湘襟	千古之秘，不可妄傳匪人
94	平洋地理闡秘	心一堂編	雲間三元平洋形法秘鈔珍本
95	地經圖說	【清】余九皋	形勢理氣、精繪圖文
96	司馬頭陀地鉗	【唐】司馬頭陀	流傳極稀《地鉗》
97	欽天監地理醒世切要辨論	【清】欽天監	公開清代皇室御用風水真本
三式類			
98-99	大六壬尋源二種	【清】張純照	六壬入門、占課指南
100	六壬教科六壬鑰	【民國】蔣問天	由淺入深，首尾悉備
101	壬課總訣	心一堂編	過去術家不外傳的珍稀六壬術秘鈔本
102	六壬秘斷	心一堂編	
103	大六壬類闡	心一堂編	
104	六壬秘笈——韋千里占卜講義	【民國】韋千里	六壬入門必備
105	壬學述古	【民國】曹仁麟	依法占之，「無不神驗」
106	奇門揭要	心一堂編	集「法奇門」、「術奇門」精要
107	奇門行軍要略	【清】劉文瀾	條理清晰、簡明易用
108	奇門大宗直旨	劉毗	天下孤本　首次公開　盧白廬藏本《秘藏遁甲天機》
109	奇門三奇干支神應	馮繼明	
110	奇門仙機	題【漢】張子房	奇門不傳之秘　應驗如神
111	奇門心法秘纂	題【漢】韓信（淮陰侯）	
112	奇門廬中闡秘	題【三國】諸葛武侯註	
選擇類			
113-114	儀度六壬選日要訣	【清】張九儀	清初三合風水名家張九儀擇日秘傳
115	天元選擇辨正	【清】一園主人	釋蔣大鴻天元選擇法
其他類			
116	述卜筮星相學	【民國】袁樹珊	民初二大命理家南袁北韋
117-120	中國歷代卜人傳	【民國】袁樹珊	南袁之術數經典